매직 렌즈로 보는 구조와 원리
놀라운 기계들

신기한 매직 렌즈가 · 들어 있어요

제인 월셔 글
안드레스 로자노 그림

조지프 코코런 박사(런던 임페리얼 칼리지) 감수
신소희 옮김

북스토리

Marvellous Machines
by Jane Wilsher and Andrés Lozano
© WHAT ON EARTH PUBLISHING LIMITED 2021

Korean translation rights © Book Story 2023
Arranged through KidsMind Agency, Seoul

이 책의 한국어판 저작권은 KidsMind Agency를 통해
WHAT ON EARTH PUBLISHING LIMITED와 독점 계약한 도서출판 북스토리에 있습니다.
저작권법에 의해 한국 내에서 보호를 받는 저작물이므로 무단전재와 복제를 금합니다.

책을 들여다봐요

기계는 어떻게 작동할까요	8
전원을 켜요	10
부엌	12
휴대전화	14
자전거	16
자동차	18
비행기	20
자기부상 열차	22
컨테이너 선박	24
잠수함	26
도시의 지상과 지하	28
병원	30
공사장	32
인쇄소	34
로봇	36
망원경	38
로켓	40
우주 정거장	42
기계와 인간	44
찾아보기	45

매직 렌즈 사용법

이 책에는 놀라운 발명품이 들어 있어요. 책에 그려진 기계의 내부 구조를 환히 보여 주는 매직 렌즈죠. 그림에서 빨간색 격자무늬가 있는 부분마다 매직 렌즈를 갖다 대고 그 안에 숨겨진 것들을 들여다봐요. 우선 아래에 그려진 상자부터 시작해 볼까요?

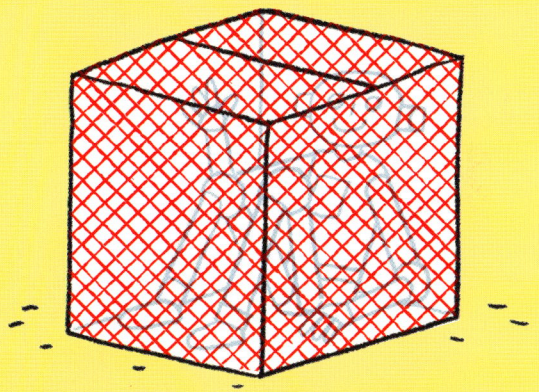

상자 안에 있는 로봇이 보이나요? 이제 책 속에 있는 모든 그림에 매직 렌즈를 갖다 대 봐요. 아래의 두 가지 표시를 참고하세요.

매직 렌즈 표시가 있는 그림에 렌즈를 갖다 대면 기계가 어떻게 작동하는지 살펴볼 수 있어요.

눈 표시가 있는 목록에는 그림에 나오는 기계와 장치, 도구의 이름이 적혀 있어요. 그냥 봐도 보이는 것도 있지만 숨겨진 것도 있죠. 매직 렌즈로 보아야 숨겨진 것을 찾아낼 수 있어요!

기계는 어떻게 작동할까요

우선, 기계란 뭘까요?

기계는 연필깎이처럼 단순할 수도 있고 우주로 발사되는 로켓처럼 복잡할 수도 있어요. 기계는 우리가 쉽고 빠르게 일할 수 있도록 돕거나 직접 일을 처리해 주죠.

공장에서는 다양한 기계를 조합해서 우리가 날마다 쓰는 여러 가지 물건을 만들어요. 각각의 기계는 맡은 역할이 있지요. 기계들이 돌아가며 각 부분을 만들고 조립하면 물건이 완성된답니다.

들여다봐요
우리 일상에서 접하는 기계들의 작동 원리는 아주 간단합니다.

레버를 밀면 그 힘으로 다른 물건을 위나 아래로 움직일 수 있어요.

도르래를 당기면 무거운 물건을 위로 끌어올릴 수 있지요.

바퀴는 굴대라는 긴 막대를 둘러싸고 매끄럽게 돌아가거나 회전해요.

기어는 맞물려 돌아가며 서로를 움직이는 톱니바퀴 한 벌을 말해요.

나사는 물건을 들어 올리거나 고정시킬 수 있어요. 감아서 풀거나 조일 수 있지요.

무엇이 기계를 움직일까요?

바로 '힘'이에요. 힘이란 무언가를 밀거나 당겨 기계를 작동시키고 특정한 방향으로 돌리고 속도를 바꾸는 작용이지요. 힘은 대체로 눈에 보이지 않는답니다. 우리가 접할 수 있는 다양한 힘의 예를 들어 볼게요.

접촉력
접촉력은 두 물체가 맞닿을 때 생겨나요. 문을 밀거나 당기면 접촉력이 생겨서 문을 열 수 있어요.

무게
지구의 중력은 모든 물체를 땅으로 끌어당겨요. 이렇게 중력이 당기는 힘을 무게라고 해요. 우리가 물체를 무겁게 느끼는 건 바로 무게 때문이랍니다.

마찰력
마찰력은 모든 물체를 뒤로 밀어내요. 두 물체의 표면이 맞닿아 비벼지면 마찰력이 발생해서 서로 반대 방향으로 움직이기가 어려워져요.

공기 저항
물체가 공기 중에서 움직일 때 생기는 마찰을 말해요. 낙하산이 땅으로 떨어지는 동안 속도가 점점 느려지는 것, 산들바람이 불면 풍차가 계속 돌아가는 것도 공기 저항 때문이지요.

자력
자력은 자석이나 자기를 띤 금속과 같은 물체를 밀어내거나 끌어당기는 힘이에요.

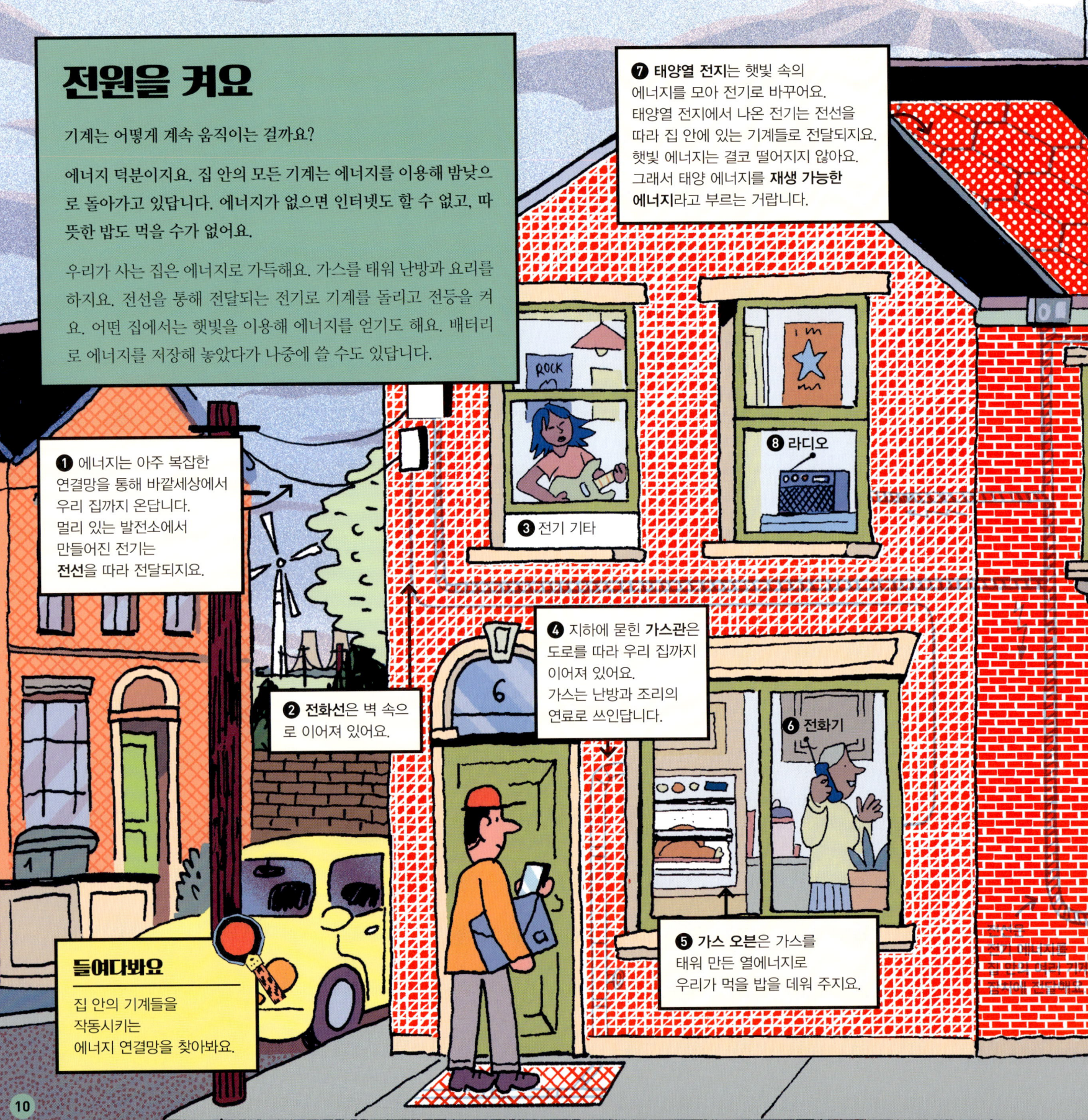

부엌

기계 안에서는 무슨 일이 일어날까요?

전원 스위치를 누르면 딸칵, 펑, 땡 소리가 나죠. 주전자 속의 물이 끓고, 토스터 안의 식빵이 구워지고, 전자레인지에 넣은 죽이 뜨겁게 데워져요.

에너지가 기계로 흘러 들어가면 놀라운 연쇄 반응이 일어나요. 온갖 기어와 걸쇠, 톱니바퀴가 맞물려 움직이면서 정해진 역할을 완수해요.

토스터에 넣은 식빵이 어떻게 튀어나오는 걸까요?

토스터에 들어 있는 금속선, 즉 **필라멘트**에 전기가 통하면 열이 발생해 식빵이 구워져요. 타이머를 맞춰 놓은 시간이 되면 **걸쇠**가 작동해 구워진 식빵을 위로 튕겨 내지요.

들여다봐요

전원 스위치를 누르면 기계 안에서 무슨 일이 일어나는지 살펴봐요.

← 튀어나온 식빵

레버

걸쇠

벽 속의 전선을 타고 온 전기는 플러그를 거쳐 부엌에 있는 다양한 가전제품을 작동시켜요.

전기 주전자는 어떻게 작동할까요?

전기 주전자의 **물통** 바닥에는 **금속 코일**이 들어 있어요. 전기로 코일이 데워지면서 물이 보글보글 끓지요. 물이 뜨거워지면 레버가 위로 올라가 주전자의 전원 스위치가 꺼져요.

물통

레버
전선

오븐의 작동 원리는 무엇일까요?

오븐은 대부분 전기로 작동해요. 토스터와 비슷하게 전기로 필라멘트를 가열하지요. 컨벡션 오븐은 여기에 열풍기를 더해서 오븐 안에서 **뜨거운 공기**를 순환시켜 음식을 요리한답니다.
자, 식사가 준비되었네요.

냉장고 안은 왜 항상 차가운 걸까요?

음식을 차갑게 식히려면 냉장고가 열을 순환시켜야 해요. 냉장고 안에 있는 파이프를 따라 특별한 액체가 흐르며 열을 빨아들인 다음 냉장고 뒤쪽을 통해 배출해요. 이 액체를 '냉매'라고 불러요. 열을 빨아들인 냉매는 기체로 변하지만, 열을 배출하고 나면 다시 액체로 돌아간답니다.

↙ 냉장고 안의 차가운 음식

↓ 냉매는 냉장고 밖으로 열을 배출하고 나면 식어서 다시 액체가 돼요. 이런 식으로 계속 순환하는 거예요.

↓ 전기는 플러그를 거쳐 냉장고로 전달돼요.

전자레인지는 왜 그런 이름이 붙었을까요?

'극초단파(microwave)'라는 전자파로 음식을 데우기 때문이에요. 전자레인지 안에서 전자파가 이리저리 진동하면서 음식에 부딪히면 열이 발생해요. 타이머를 맞춰 놓은 조리 시간이 끝나면 땡 소리가 나지요.

← 타이머

거품기도 기계라고 할 수 있나요?

네, 아주 단순한 기계인 셈이지요. 거품기로 반죽을 휘저어 공기를 넣으면 아침으로 먹을 팬케이크가 푹신해지니까요. 휴우, 힘들다!

← 팔꿈치 에너지

자전거

이 세상에는 자전거가 몇 대나 있을까요?

수십억 대는 될 거예요. 자전거는 타기 쉽고 수리하기도 쉽지요. 공해를 일으키지 않아서 환경에도 유익하고요. 페달만 밟다 보면 어느새 동네를 한 바퀴 돌 수 있어요.

페달을 밟으면 체인이 돌아가면서 바퀴가 회전하고 자전거가 움직여요. 순전히 우리 몸의 힘만으로 시동을 걸고 나아가는 거지요. 이렇게 간단한 두 바퀴 탈것만 있으면 똑바로 앉아서 넘어지지 않고 달려갈 수 있다니 놀랍죠!

들여다봐요

자전거의 페달을 밟을 때,
기어를 바꿀 때,
브레이크를 걸 때 각각 무슨 일이 생기는지 알아봐요.

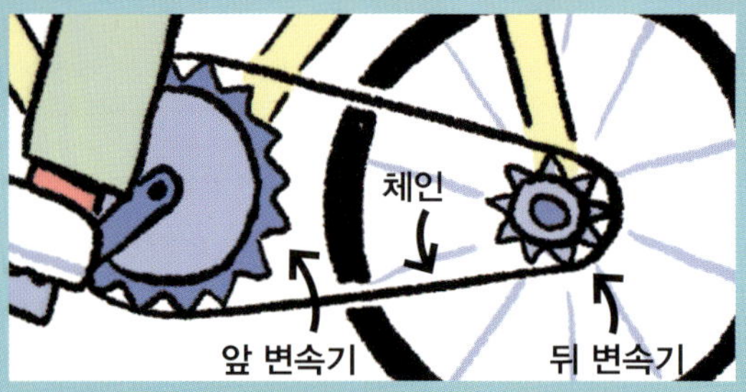

④ 손잡이
① 페달
② 앞바퀴
③ 뒷바퀴
⑤ 체인
⑥ 기어

자전거 기어는 어떻게 작동할까요?

두 **변속기**의 톱니에 감긴 **체인**이 페달과 자전거 뒷바퀴로 연결돼요. 페달을 밟으면 체인이 당겨지면서 뒷바퀴가 돌아가고 자전거가 움직이지요. 기어를 바꾸면 기어와 체인에 연결된 페달의 위치가 바뀌면서 앞바퀴와 뒷바퀴가 서로 다른 속도로 돌아가게 돼요.
기어를 바꾸면 언덕길을 올라가거나 내려가기 쉬워지고 평지에서 더 빠르게 달릴 수도 있어요.

체인
앞 변속기
뒤 변속기

자동차

자동차에 어떻게 시동을 걸까요?

점화 장치를 켜고 핸드 브레이크를 푼 다음 액셀을 밟으면 차가 움직여요. 엔진이 바퀴를 굴러가게 하고 속도를 높여 주지요.

이제는 엔진을 이용한 온갖 탈것들이 세계 곳곳을 누비고 있어요. 승용차는 시골길을 유유히 움직이거나 도시의 거리를 씽씽 내달리죠. 트럭은 털털거리며 고속도로를 달려가고, 경주용 자동차는 엄청난 속도로 경주로를 빙글빙글 돌아요.

자동차에는 어떤 연료를 사용하나요?
대부분 석유로 만드는 휘발유를 사용하지요. 하지만 휘발유를 태우면 공해가 발생해요. 엔진에서 나오는 해롭고 유독한 연기가 배기관으로 흘러나와 우리가 호흡하는 공기에 섞이거든요.

자동차 운전대의 위치는 어느 나라에서 운전하는지에 따라 왼쪽과 오른쪽으로 달라질 수 있어요.

들여다봐요
자동차의 보닛 속에는 무엇이 있나 살펴봐요.

대형 트럭은 왜 바퀴가 여러 개일까요?

대형 트럭에는 바퀴가 18개 이상 달려 있기도 한답니다.
트레일러 안에 실린 무거운 화물이 균형을 유지해야 하니까요.

자동차는 어떻게 움직일까요?

1. 점화 장치를 켜면 배터리에 전원이 들어와 점화 플러그와 연결돼요. 점화 플러그는 엔진 안에 강력한 전기 불꽃을 일으켜요.

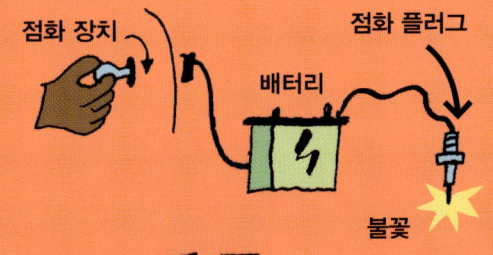

2. 전기 불꽃이 엔진 안의 연료에 불을 붙여요. 그러면 미세한 폭발이 일어나서 피스톤이라는 부품을 밀어 움직이지요.

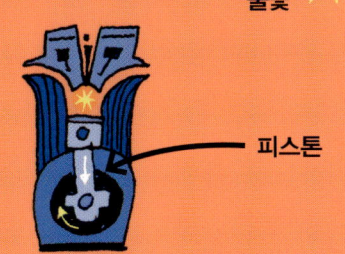

3. 피스톤이 바퀴에 연결된 굴대를 돌리면서 자동차가 움직이기 시작해요.

전기 자동차는 어떻게 움직일까요?

전기 자동차에는 연료로 움직이는 엔진 대신
배터리로 움직이는 모터가 있어요.
전기 자동차 배터리는 충전기에 연결할 수 있어요.
전기 자동차는 휘발유를 태우지 않기 때문에 공해도 덜 일어난답니다.

비행기

하늘에는 얼마나 많은 비행기가 떠 있을까요?

지금 이 순간에도 평균 1만 여 대의 비행기가 지구 위 하늘을 이리저리 날아다니고 있어요. 전 세계의 공항을 왔다 갔다 하면서요.

그러니 여러분이 이 책을 읽는 동안 적어도 백만 명의 사람들이 비행기 안에서 코를 골거나 간식을 먹거나 영화를 보고 있는 거죠. 하늘 높은 곳에서 엄청난 속도로 대기를 가르고 날아가면서 말이에요.

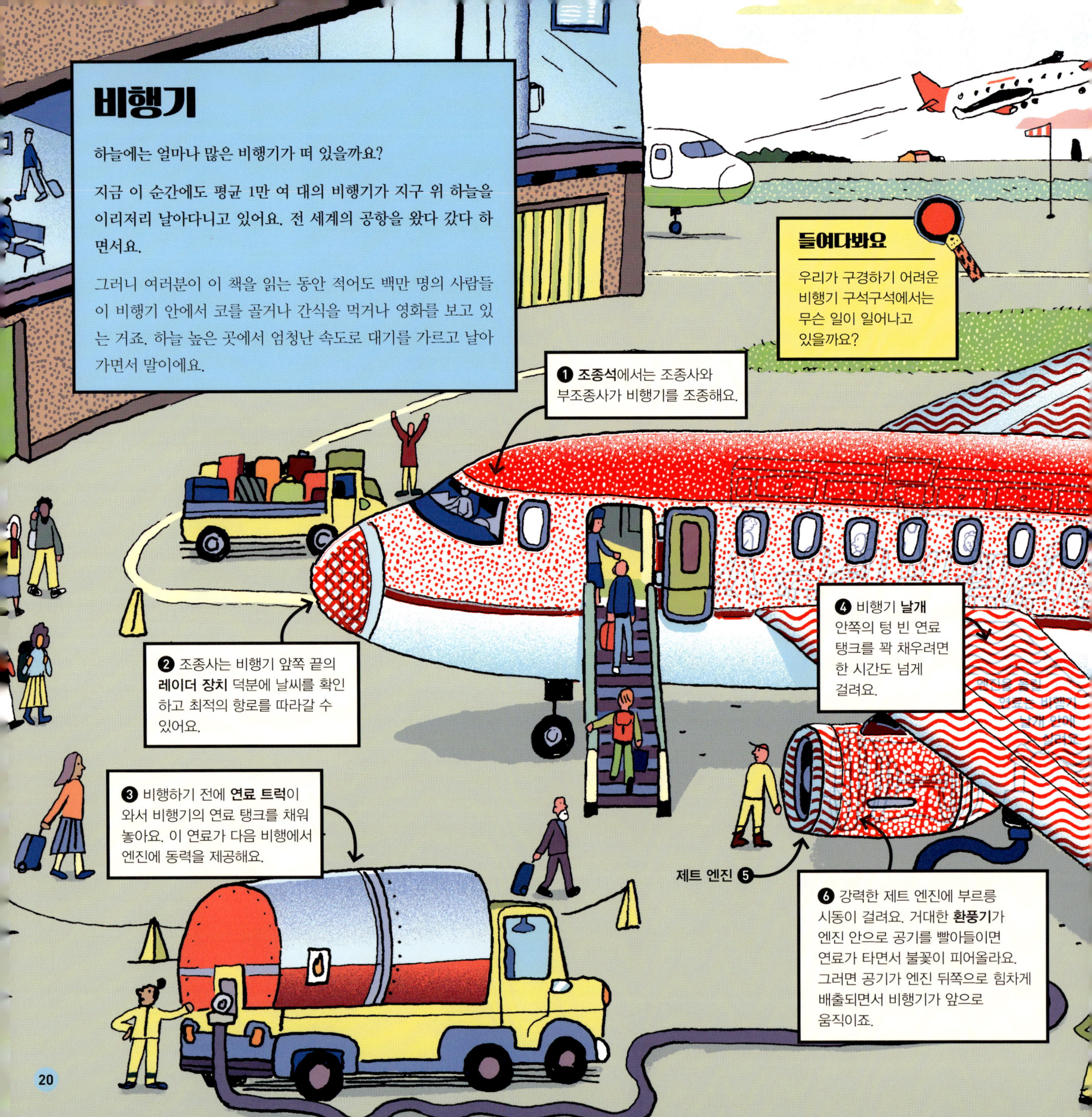

들여다봐요
우리가 구경하기 어려운 비행기 구석구석에서는 무슨 일이 일어나고 있을까요?

❶ **조종석**에서는 조종사와 부조종사가 비행기를 조종해요.

❷ 조종사는 비행기 앞쪽 끝의 **레이더 장치** 덕분에 날씨를 확인하고 최적의 항로를 따라갈 수 있어요.

❸ 비행하기 전에 **연료 트럭**이 와서 비행기의 연료 탱크를 채워 놓아요. 이 연료가 다음 비행에서 엔진에 동력을 제공해요.

❹ **비행기 날개** 안쪽의 텅 빈 연료 탱크를 꽉 채우려면 한 시간도 넘게 걸려요.

제트 엔진 ❺

❻ 강력한 제트 엔진에 부르릉 시동이 걸려요. 거대한 **환풍기**가 엔진 안으로 공기를 빨아들이면 연료가 타면서 불꽃이 피어올라요. 그러면 공기가 엔진 뒤쪽으로 힘차게 배출되면서 비행기가 앞으로 움직이죠.

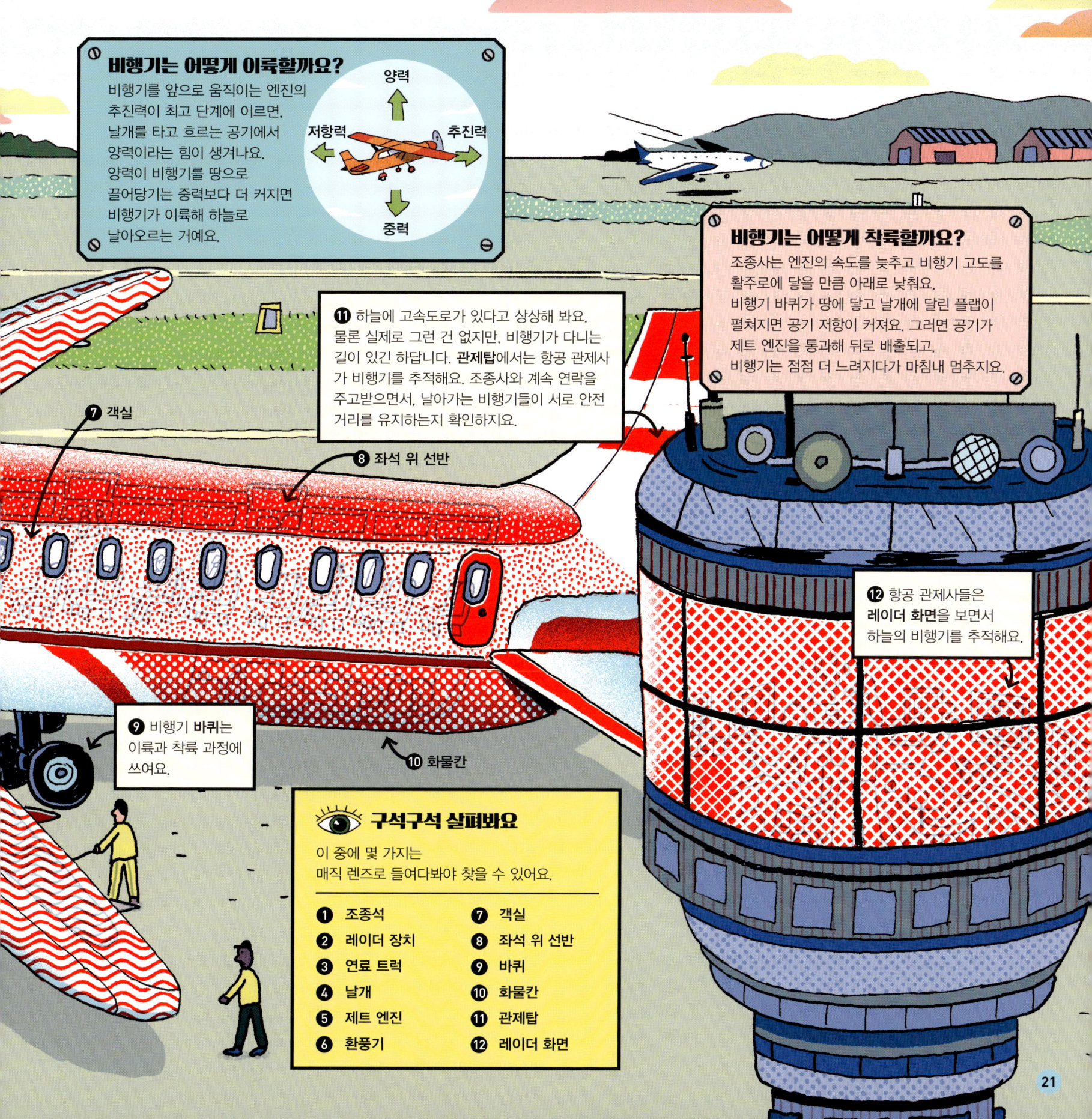

자기부상 열차

자기부상 열차는 얼마나 빨리 달릴 수 있을까요?

자기부상 열차는 거의 소리가 나지 않는 초음속 열차예요. 시속 600킬로미터까지 달릴 수 있으니 거의 비행기만큼 빠른 셈이지요. 자기부상 열차를 타면 여행 시간이 절반으로 줄어든답니다.

자기부상 열차는 자석을 동력 삼아 달려요. 자기부상이란 자석의 힘을 뜻하는 '자기력'과 '공중에 뜬다'는 뜻의 '부상'을 합친 단어예요.

❶ 열차는 원래 바퀴로 달렸답니다. 하지만 이제는 그 대신 **차량 아래 자석**을 달게 되었어요. 자석을 영하 267도까지 냉각시키면 초전도 상태가 되어 열차가 철로 위로 살짝 떠올라요.

❷ 차량 아래의 자석이 **철로의 자석**을 밀어내거나 끌어당겨요. 열차 앞쪽의 자석은 철로를 끌어당기고 뒤쪽의 자석은 철로를 밀어내지요. 이렇게 해서 열차가 앞으로 나아간답니다. 자기력 덕분에 열차는 흔들리지 않고 안정된 상태를 유지할 수 있어요.

자기부상 열차의 자석은 어떤 작용을 할까요?

자기부상 열차는 차량과 철로에 설치한 자석을 동력 삼아 달려요. 자석의 양쪽 끝은 N극과 S극이라고 하는데, N극과 S극은 서로 끌어당기고 같은 극끼리는 서로 밀어낸답니다. 이런 자기력 때문에 열차는 공중에 뜬 채로 철로를 따라 움직이게 되지요.

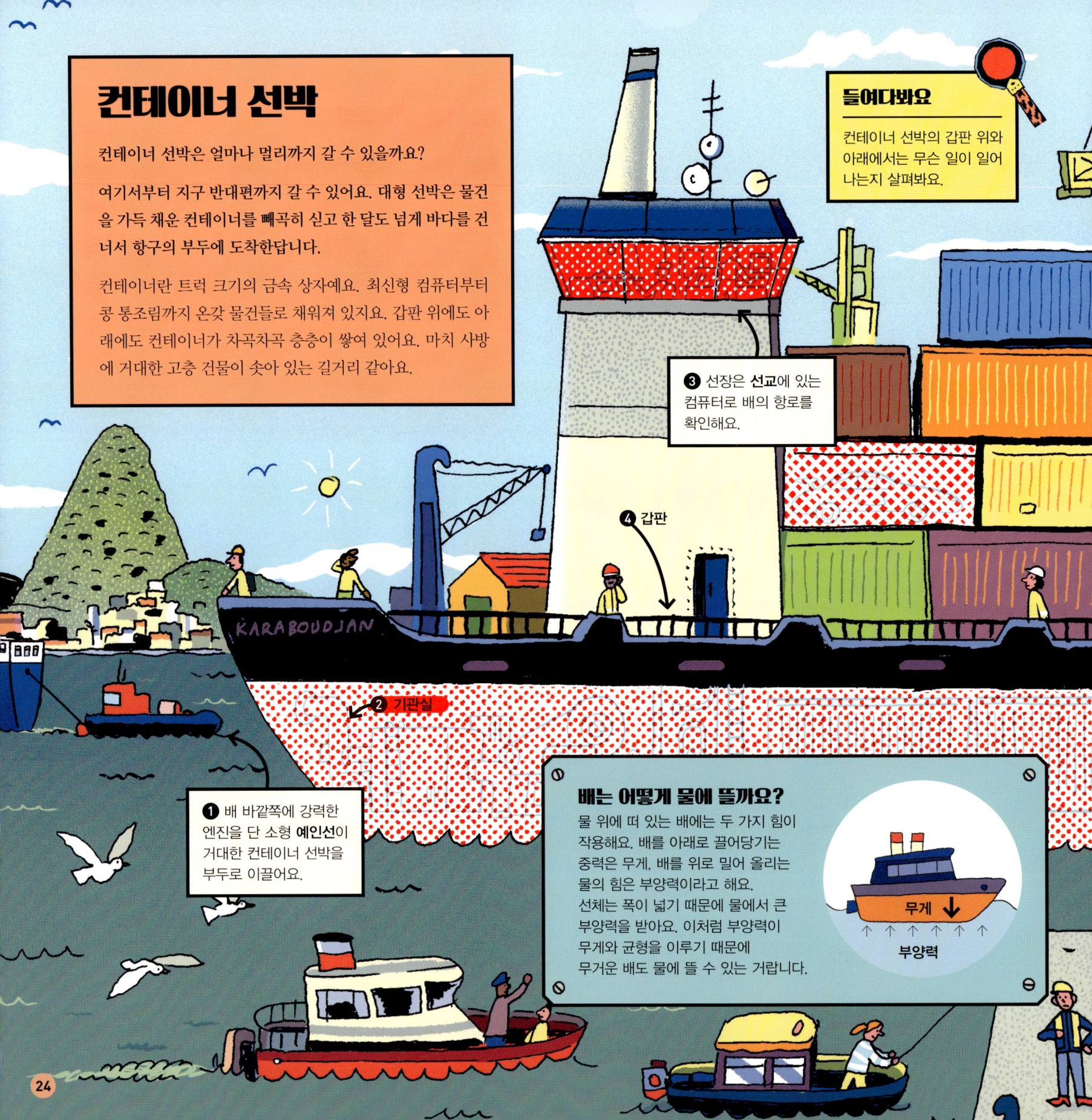

컨테이너 선박

컨테이너 선박은 얼마나 멀리까지 갈 수 있을까요?

여기서부터 지구 반대편까지 갈 수 있어요. 대형 선박은 물건을 가득 채운 컨테이너를 빼곡히 싣고 한 달도 넘게 바다를 건너서 항구의 부두에 도착한답니다.

컨테이너란 트럭 크기의 금속 상자예요. 최신형 컴퓨터부터 콩 통조림까지 온갖 물건들로 채워져 있지요. 갑판 위에도 아래에도 컨테이너가 차곡차곡 층층이 쌓여 있어요. 마치 사방에 거대한 고층 건물이 솟아 있는 길거리 같아요.

들여다봐요

컨테이너 선박의 갑판 위와 아래에서는 무슨 일이 일어나는지 살펴봐요.

❸ 선장은 **선교**에 있는 컴퓨터로 배의 항로를 확인해요.

❹ 갑판

❷ 기관실

❶ 배 바깥쪽에 강력한 엔진을 단 소형 **예인선**이 거대한 컨테이너 선박을 부두로 이끌어요.

배는 어떻게 물에 뜰까요?

물 위에 떠 있는 배에는 두 가지 힘이 작용해요. 배를 아래로 끌어당기는 중력은 무게, 배를 위로 밀어 올리는 물의 힘은 부양력이라고 해요. 선체는 폭이 넓기 때문에 물에서 큰 부양력을 받아요. 이처럼 부양력이 무게와 균형을 이루기 때문에 무거운 배도 물에 뜰 수 있는 거랍니다.

잠수함

잠수함은 왜 물고기와 같은 모양일까요?

잠수함이 조용하게 물을 가르며 움직일 수 있는 것은 길고 늘씬한 형태, 매끄러운 옆면, 뾰족한 앞부분 때문이랍니다. 잠수함이 빠른 속도로 나아갈 수 있는 원동력은 회전 프로펠러에서 나와요.

승조원들은 선체 위에 딱 하나 있는 출입구를 통해 잠수함에 타요. 그러고 나면 출입구가 안쪽에서 굳게 닫히지요. 금속 덮개 두 겹으로 이루어진 선체가 물이 한 방울도 새어 들지 못하게 막아 주고요. 이렇게 밀폐된 잠수함은 물속으로 들어갈 수 있어요.

들여다봐요
파도 아래 잠수함 속에서는 무슨 일이 일어나는지 살펴봐요.

❷ 잠수함을 가라앉혔다가 다시 띄우기 전에 승조원들은 우선 **잠망경**으로 파도 위를 살펴봐요.

❸ 외판과 내판 두 겹으로 이루어진 **선체**가 승조원들을 바닷물의 엄청난 수압으로부터 보호해 준답니다.

출입구 ❹

❶ 잠수함이 물을 헤치고 나아갈 수 있는 것은 회전 **프로펠러** 덕분이에요.

❺ 기관실

잠수함은 어떻게 물속으로 들어가나요?

조종실에 있는 승조원들이 함장의 지시에 따라 잠수함의 외판과 내판 사이로 물이 흘러들게 해요.

외판
내판

물은 공기보다 무겁기 때문에 잠수함은 저절로 가라앉게 되죠.

👁 구석구석 살펴봐요

이 중에 몇 가지는 매직 렌즈로 들여다봐야 찾을 수 있어요.

1. 프로펠러
2. 잠망경
3. 선체
4. 출입구
5. 기관실
6. 조종실
7. 수중 음파 탐지기
8. 승조원실
9. 산소 탱크
10. 해저 케이블
11. 원격조종장비
12. 해양 탐사선
13. 다이빙 벨

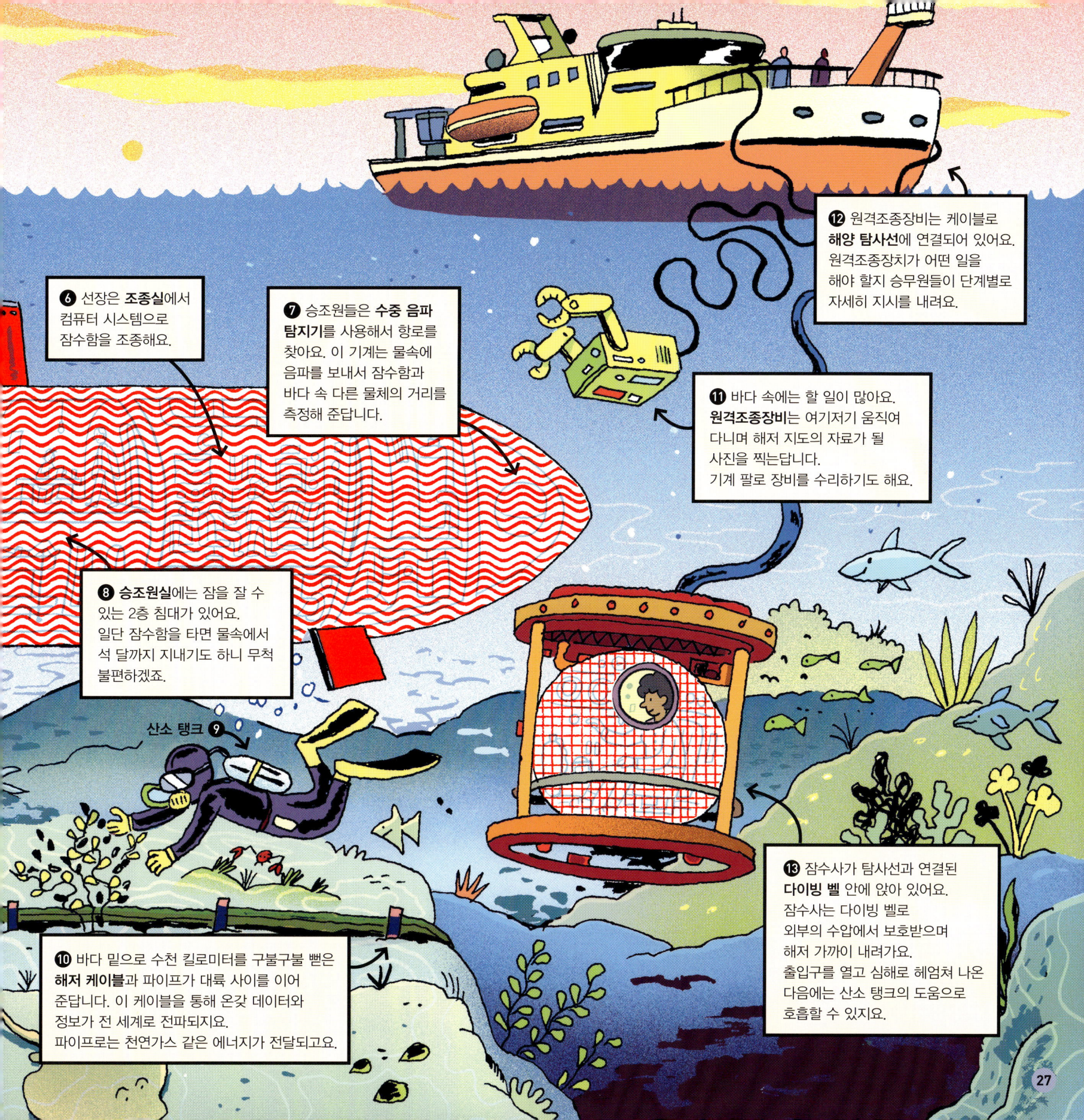

도시의 지상과 지하

무엇이 도시를 계속 움직일까요?

고층 건물 꼭대기까지 올라가는 엘리베이터부터 길거리와 지하철역을 연결하는 에스컬레이터까지, 다양한 기계가 도시를 움직이게 한답니다.

교통 정체가 한창이에요! 경적 소리가 요란해요. 차들은 신호등 불빛에 따라 멈춰 섰다가 출발해요. 하지만 노동자와 관광객, 통학하는 아이들의 발걸음 아래에서도 지하의 기계들이 분주하게 도시를 움직이고 있어요.

구석구석 살펴봐요

이 중에 몇 가지는 매직 렌즈로 들여다봐야 찾을 수 있어요.

1. 헬리콥터
2. 헬리콥터 착륙장
3. 여객기
4. 재활용품 수집차량
5. 상수도와 하수도
6. 공동구
7. 인터넷 연결선
8. 엘리베이터 통로
9. 지하철
10. 자동 출입문
11. 에스컬레이터
12. 전기 자전거

들여다봐요

도시의 지상과 지하에서 무슨 일이 일어나고 있는지 알아봐요.

❹ 깨끗한 도시를 만들어요! 도시에서는 날마다 수천 개의 쓰레기봉투가 배출돼요. 그중 일부는 뒤에 짐받이가 달린 **재활용품 수집차량**에 실려 쓰레기장으로 가요. 그리고 분류 과정을 거쳐 재활용된답니다.

❺ 도시의 지하에는 온갖 파이프와 터널이 미로처럼 빽빽이 엉켜 있어요. 하루 24시간 **상수도**로 수돗물이 들어오고 **하수도**로 오물이 빠져나가요.

❼ 도시 지하를 가로지르는 **인터넷 연결선**은 광섬유 케이블로 이루어져 있어요.

❻ 지하에 좀좀히 들어선 **공동구**(전선, 수도관, 가스관, 전화선 등을 수용하는 지하 터널)를 통해 파이프와 케이블이 연결돼요.

병원

의사는 어떻게 우리의 몸속을 들여다볼까요?

아~ 하세요! 의사가 목구멍에 염증이 있나 확인하려고 입안을 들여다봐요. 하지만 몸속 깊이 숨어 있어서 보이지 않는 곳은 어쩌죠?

기계를 써서 단단한 뼈와 부드러운 내장의 사진을 찍을 수 있어요. 우리 몸속에서 나는 소리를 포착해 몸 상태를 알아볼 수 있는 기계도 있지요.

의사는 어떻게 우리의 심장 박동을 들을까요?

의사는 **청진기**에 달린 **청진판**을 환자의 심장 위에 올려놓아요.
심장이 뛰면 청진판 속에 있는 플라스틱 진동판이 떨리거나 움직이지요.
그 진동이 청진기의 고무관을 따라 전달되면 의사의 귀에 뚜렷이 들리게 된답니다.

소리가 어떻게 태아의 사진이 될 수 있나요?

의사가 임산부의 배에 탐지자라는 일종의 **스캐너**를 문지르면 음파 혹은 초음파가 나와요.
초음파는 피부와 같이 부드러운 신체 부위를 통과할 수 있지만 태아에 부딪히면 반사되거나 메아리치게 돼요.
이런 메아리가 **초음파 사진**을 만들어 낸답니다.

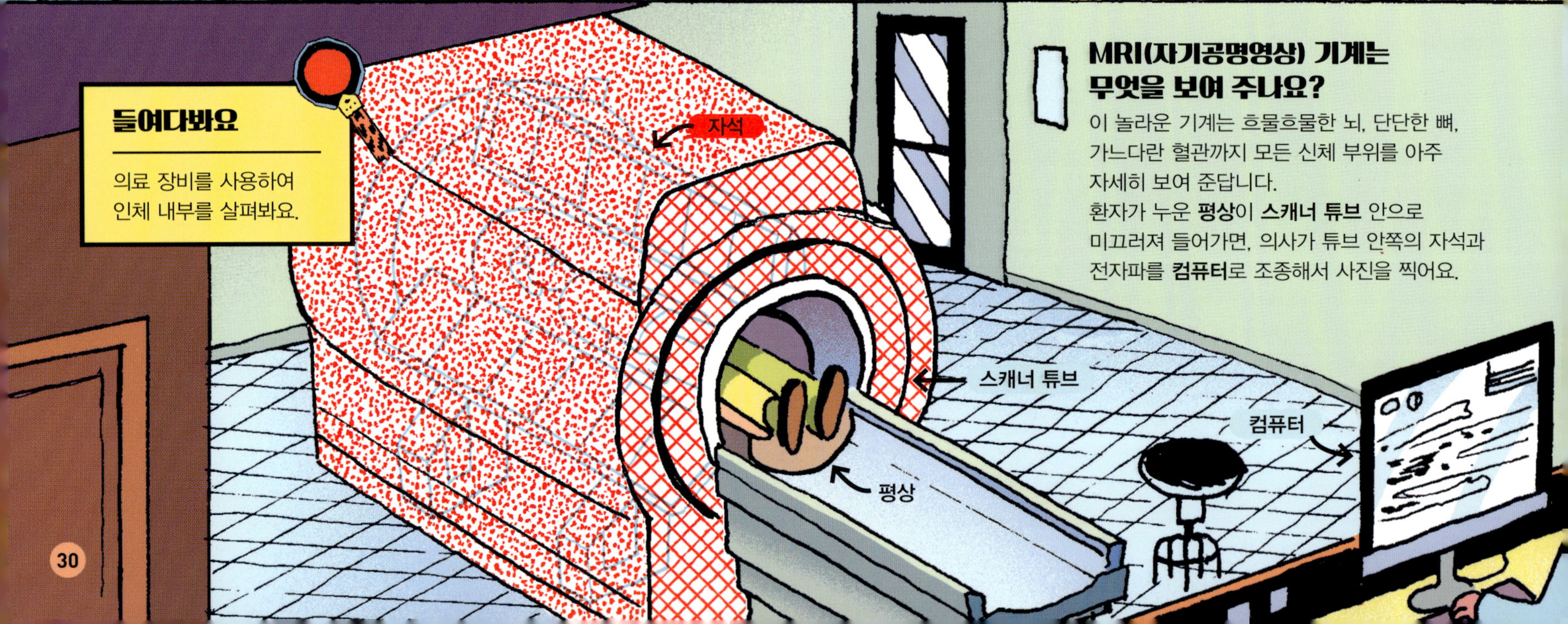

들여다봐요
의료 장비를 사용하여 인체 내부를 살펴봐요.

MRI(자기공명영상) 기계는 무엇을 보여 주나요?

이 놀라운 기계는 흐물흐물한 뇌, 단단한 뼈, 가느다란 혈관까지 모든 신체 부위를 아주 자세히 보여 준답니다.
환자가 누운 **평상**이 **스캐너 튜브** 안으로 미끄러져 들어가면, 의사가 튜브 안쪽의 자석과 전자파를 **컴퓨터**로 조종해서 사진을 찍어요.

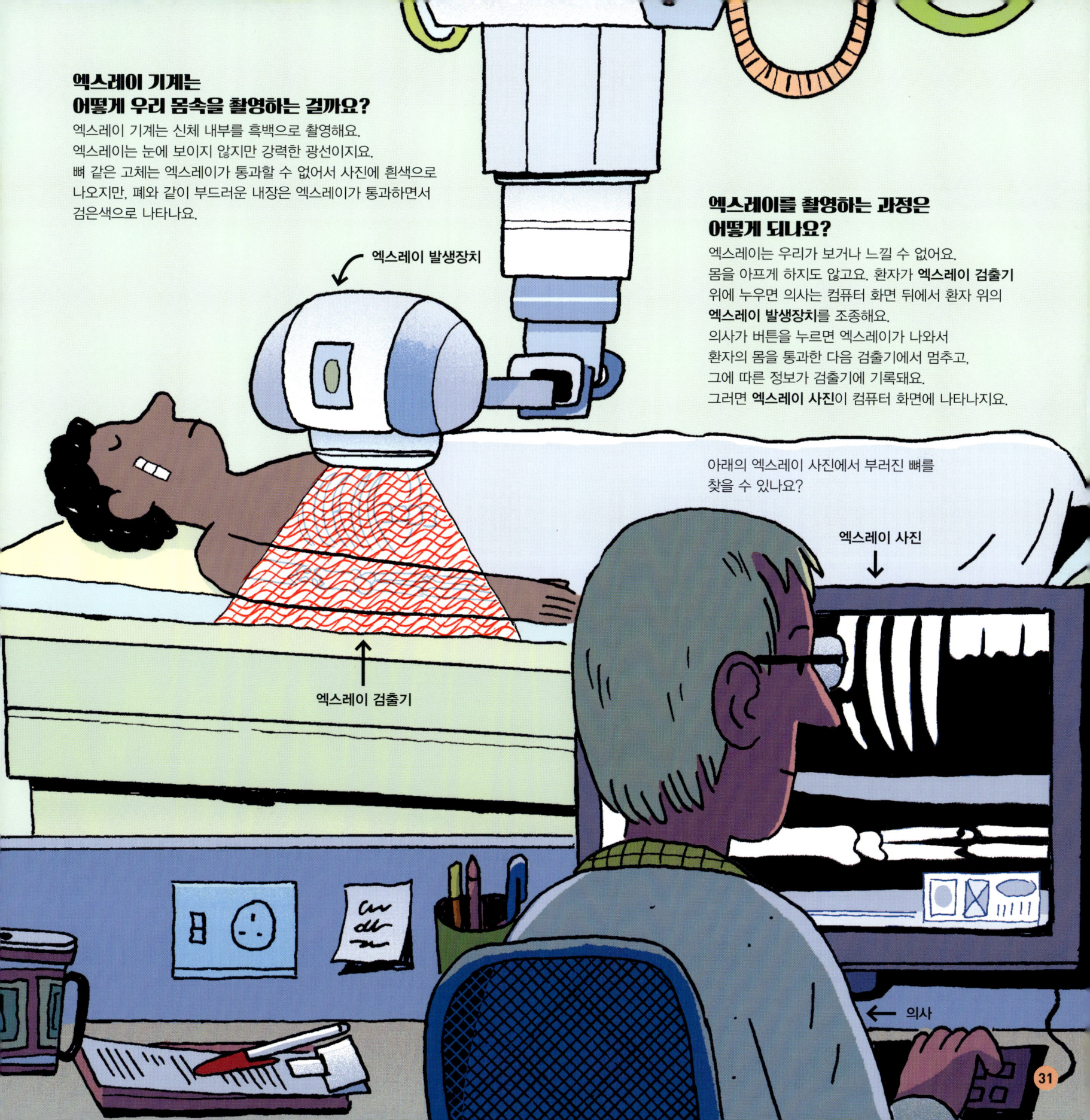

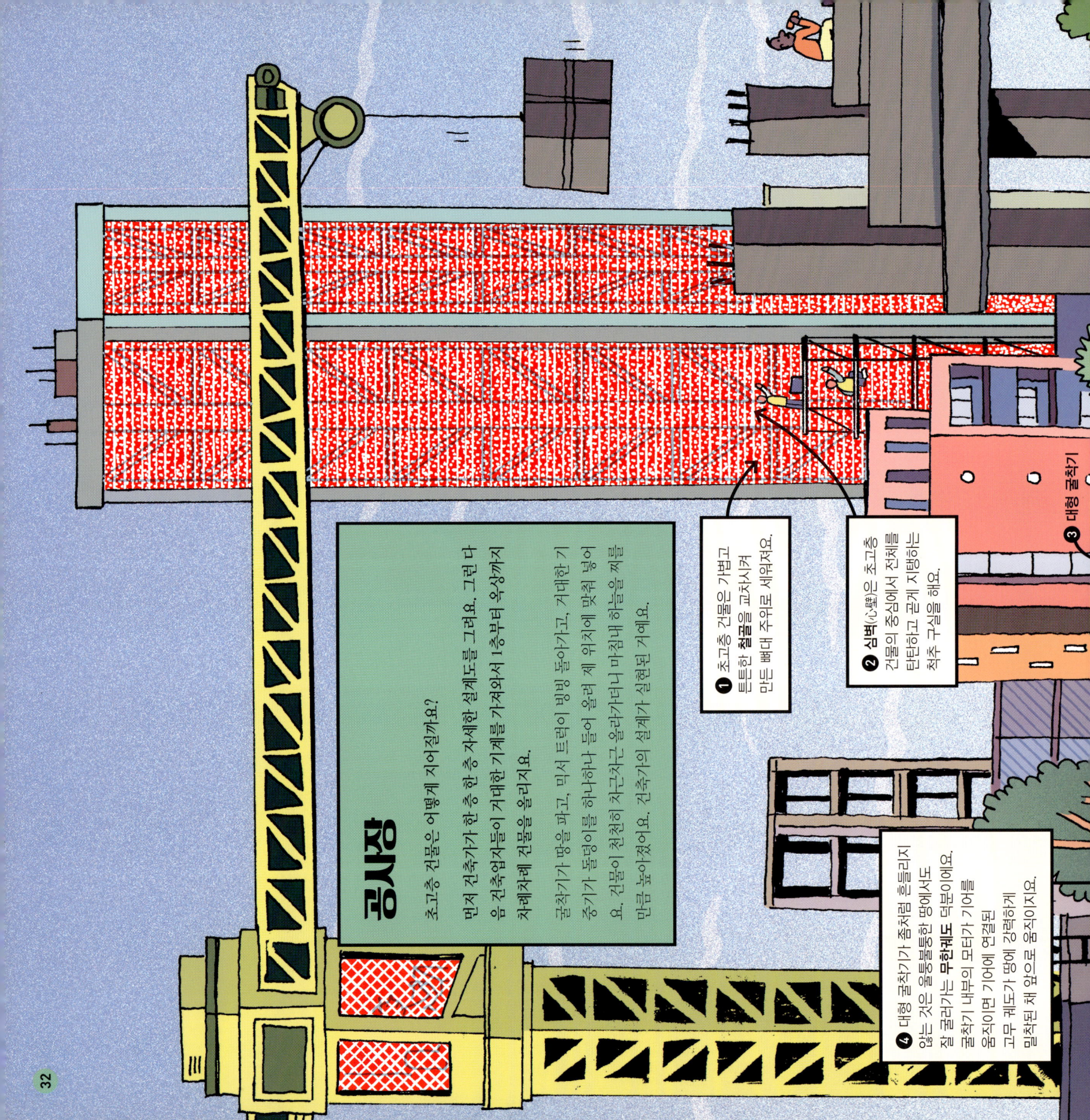

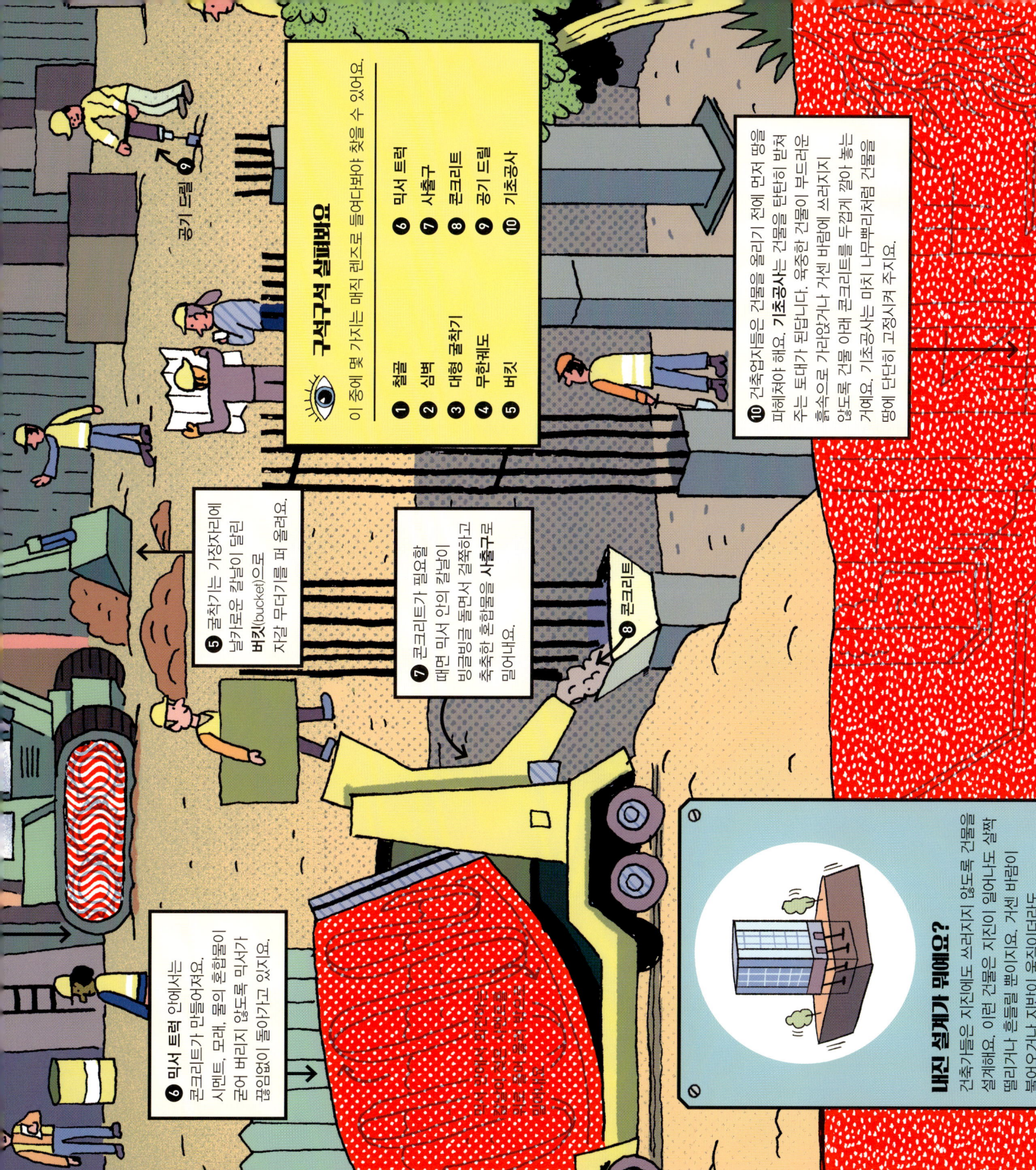

인쇄소

책은 어떻게 인쇄될까요?

대부분의 책은 인쇄기라는 대형 기계로 찍어 내요. 그런 다음 컨테이너 선박이나 기차, 트럭에 실려 우리 집이나 동네 서점까지 운반되지요.

수십억 권의 책을 찍으려는 사람에게도 필요한 것은 세 가지뿐이에요. 잉크, 종이, 그리고 인쇄기지요. 이 기계를 '인쇄기(printing press)'라고 부르는 것은 글과 그림이 찍히도록 종이를 잉크에 대고 누르기(press) 때문이랍니다.

책은 어떻게 만들어지나요?

❶ 출판사에서 책을 만들 창작 팀을 구성해요. 작가는 글을 써요. 삽화가는 그림을 그려요. 디자이너는 표지와 본문의 컴퓨터 파일을 만들어요. 편집자와 감수자는 모든 내용이 명확한지, 잘못된 점은 없는지 확인해요.

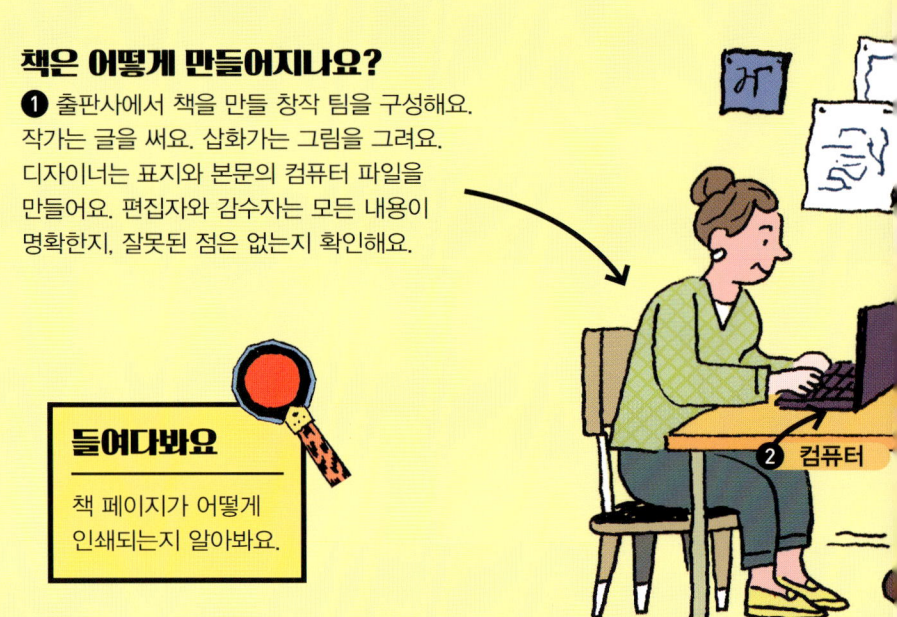

❷ 컴퓨터

들여다봐요

책 페이지가 어떻게 인쇄되는지 알아봐요.

❸ 글과 그림을 종이에 **인쇄기**로 찍어내기 위해 컴퓨터 파일을 인쇄소에 보내요.

❹ 인쇄기에 대량의 **종이** 무더기를 집어넣어요.

❺ 종이는 네 부분으로 나누어진 인쇄기를 통과해요. 각 부분을 통과할 때마다 파란색(C), 분홍색(M), 노란색(Y), 검은색(K)의 네 가지 **컬러 잉크**가 하나씩 종이에 찍혀요. 종이는 일단 앞면만 인쇄된 다음 뒤집혀서 다시 인쇄기로 들어가요. 그러면 뒷면에도 인쇄가 되지요.

4도 인쇄가 뭐예요?

책에 컬러 도판을 인쇄할 때는 딱 네 가지 색만 있으면 돼요.

- 시안(cyan): 파란색
- 마젠타(magenta): 분홍색
- 노란색(yellow)
- 검은색(black)

다른 색상이나 채도는 이 네 가지 색의 양을 조절하고 겹쳐 찍어서 만들어낼 수 있어요.

분홍색에 노란색을 듬뿍 섞으면 주황색이 되지요. 그렇다면 초록색은 어떻게 만들 수 있을까요?

❻ 인쇄된 종이는 각각 8페이지로 접혀요. 이렇게 접은 종이를 접지라고 해요. 접지 가장자리를 깔끔하게 잘라내고 모아서 세로로 한쪽 모서리를 말끔하게 꿰매 붙여요. 이 과정에서 **접지기, 재단기, 제본기**를 몇 차례나 거쳐야 해요.

❼ 표지를 인쇄한 종이를 두꺼운 판지에 붙여요. 마지막으로 표지의 책등 안쪽에 본문 페이지를 풀로 붙여요. **단행본**이 완성되었어요.

👁 구석구석 살펴봐요

이 중에 몇 가지는 매직 렌즈로 들여다봐야 찾을 수 있어요.

1. 창작 팀
2. 컴퓨터
3. 인쇄기
4. 종이
5. 컬러 잉크
6. 접지기, 재단기, 제본기
7. 단행본

도전, 책 탐정

이 책의 뒷부분에서 제작 과정의 단서를 찾아보아요.
- 이 책은 몇 년도에 만들어졌을까요?
- 이 책을 만든 출판사의 이름은 무엇일까요?
- 모든 책에는 국제표준도서번호(ISBN)라는 고유의 숫자가 있어요. 이 책의 ISBN은 무엇일까요?

로봇

언젠가는 로봇이 세계를 정복할까요?

이제는 어디에 가든 로봇을 볼 수 있어요. 공장과 병원뿐만 아니라 심지어 우주에도 지구를 관측하는 로봇이 있지요. 로봇은 거대한 기계일 수도 있고 눈곱만 한 초소형일 수도 있어요.

로봇은 컴퓨터의 지시대로 임무를 수행하도록 프로그래밍이 되어 있어요. 그러니 스스로 결정을 내리거나 세계를 정복할 수는 없겠지요. 로봇은 매우 정교하거나 위험한 일, 고되거나 지루한 일을 대신할 수 있답니다. 그중에는 사람들이 직접 할 수 없거나 기피하는 일도 있어요.

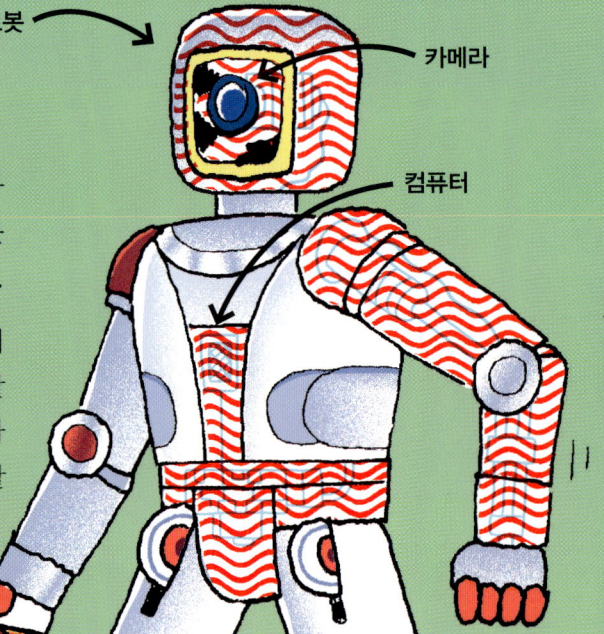

로봇 — 카메라
컴퓨터
물체를 잡을 수 있는 관절형 손가락
이족보행 (인간처럼 두발로 이동하기)

들여다봐요
로봇의 각 부분을 연결해 주는 너트와 볼트 안에서 무슨 일이 일어나는지 살펴봐요.

로봇 대 인간
영화 속의 로봇은 흔히 인간처럼 걷거나 이야기해요. 하지만 로봇은 기계이지 인간이 아니에요. 스스로 생각하거나 느낄 수도 없고요. 로봇은 뇌가 아니라 **컴퓨터**의 통제를 받아요. 눈 대신 **카메라**로 물건을 보고 귀 대신 **마이크**로 소리를 듣지요. 휴머노이드 로봇은 인간처럼 생겼고 인간처럼 행동하도록 프로그래밍할 수도 있지만 결국 로봇이긴 마찬가지랍니다.

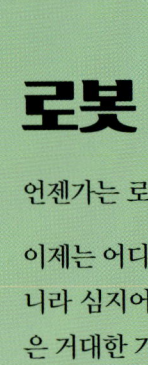

사족보행 (네발로 이동하기)

로봇은 어떻게 차를 만들까요?
자동차 공장의 생산 라인에서는 여러 대형 로봇이 함께 일해요. 먼저 로봇 하나가 부품을 맞추어 자동차의 뼈대인 **차체**를 만들어요.

다른 로봇이 금속판을 잘라 문을 만들고 차체에 용접해 붙여요. 또 다른 로봇은 엔진 부분에서 섬세한 작업을 담당하고요.

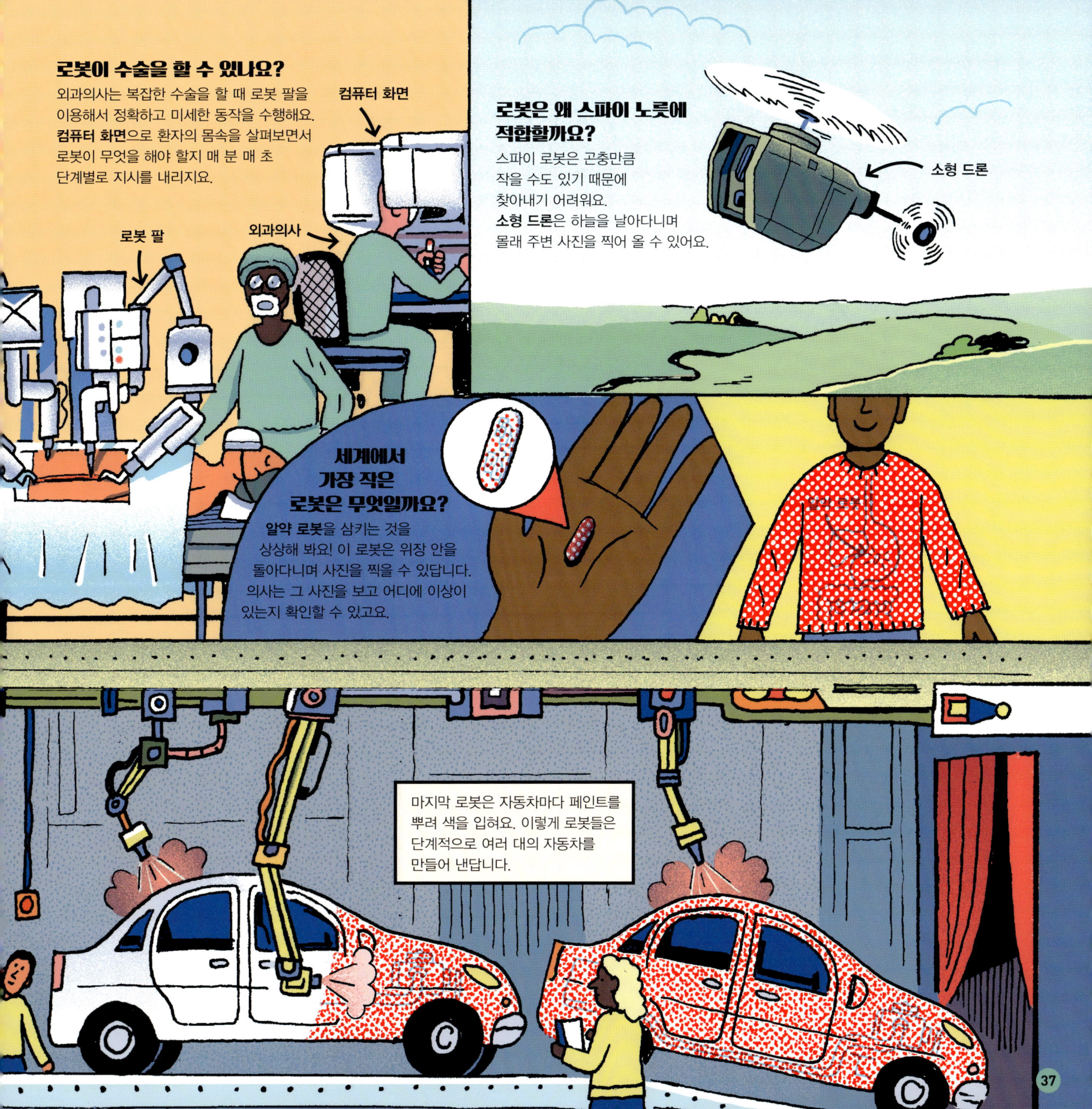

망원경

인간은 우주의 얼마나 먼 곳까지 관찰할 수 있을까요?

이 세상을 벗어나 봐요! 저 하늘 높이 떠 있는 허블 우주망원경이 해를 둘러싼 태양계 행성 너머 머나먼 곳들의 사진을 보여줄 거예요.

그동안 땅 위에서는 천문학자들이 어두운 밤하늘을 향해 망원경을 세우고 항성과 행성에서 오는 빛을 연구한답니다. 천문학자들은 멀리 떨어진 우주의 현상도 자세히 기록하지요.

❶ **허블 우주망원경은** 95분마다 지구를 한 바퀴 돌아요. 이 현상을 공전이라고 하지요. 허블 우주망원경으로는 인간의 눈에 보이는 것보다 100억 배 더 멀거나 희미한 천체도 볼 수 있답니다. 지구의 대기는 우주에서 오는 빛의 일부를 차단하지만, 허블 우주망원경은 대기권 바깥에 있기 때문에 아주 선명한 사진을 전자파로 지구에 전송할 수 있어요.

반사망원경의 작동 원리는 무엇일까요?

강력한 **망원경**은 대형 오목거울을 통해 멀리 있는 물체를 보여 주지요. 거울이 클수록 더욱 많은 빛이 망원경에 포착된답니다. 거울이 적당한 형태일 뿐만 아니라 흠집 하나 없어야 흐리지 않고 선명한 상이 맺혀요. 대형 오목거울에 포착된 천체의 빛이 망원경 안의 작은 거울에 반사되어 적당한 위치로 튕겨 나오면 천문학자가 접안렌즈로 이를 관찰할 수 있어요.

접안렌즈

망원경 위쪽에서 빛이 들어와요.

망원경 밑바닥의 오목거울에 반사된 빛이 망원경 가운데의 작은 거울에 튕겨 접안렌즈로 들어가요.

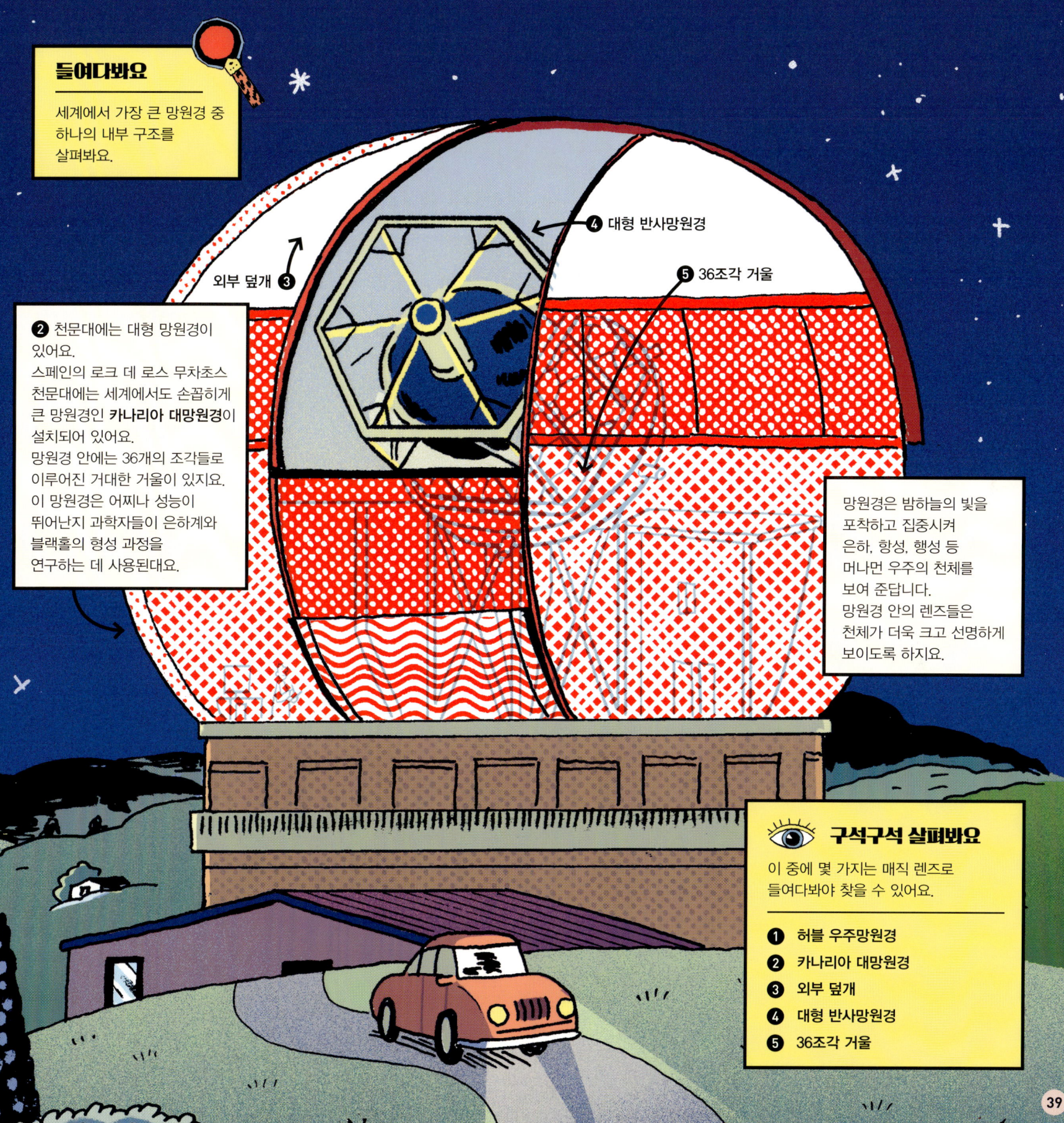

로켓이 지구 대기권 높이 날아올라요. 1단 발사체가 분리되어 지구로 방향을 돌려요.

그러는 동안 2단 발사체는 계속 우주로 올라가요. 마침내 드래곤 캡슐이 떨어져 나와요.

엔진이 다시 불을 뿜어요. 1단 발사체가 점점 더 속도를 늦추어 1단 발사체들이 마침내 작은 네 다리로 무사히 발사대에 착륙할 수 있게요.

드래곤 캡슐이 계속 날아가 국제우주정거장에 무사히 도킹해요. 우주정거장에 머물고 있는 우주비행사들에게 보급품을 날라다 주었어요.

| 분리 | 2단 발사체 우주 진입 | 임무 완수 |

로켓

우주로 날아가는 데 걸리는 시간은 얼마나 될까요?

로켓이 이륙해서 지구 대기권, 다시 말해 우리가 사는 싼 공기의 띠를 빠져나가기까지 보통 8분에서 11분이 걸린다고 하네요.

'우주'를 어떻게 정의하는냐에 따라 달이 달까지도 달라질 수도 있어요. 달까지 우주는 외계로 볼 수 없다고 주장하는 과학자들도 있지요. 인간은 아직 달보다 멀리 가 보지 못했어요. 게다가 달까지 가는 데만도 사흘 정도가 걸린답니다.

로켓이 우주를 향해 발사되어 스스로 움직이는 비행물체예요. 엔진을 돌릴 에너지를 얻기 위해 연료를 싣고 있지요. 예전에 로켓은 추락하거나 지면에 충돌하기도 했지만, 팰컨 9의 탑재 화물은 로켓의 맨 꼭대기에 있는 우주선인 드래곤 캡슐에 몇 번이고 무사히 착륙하여 다음 우주로 날아갈 준비가 되어 있어요.

⑥ **탑재 화물**은 승객이나 우주선, 보급품 등 로켓이 우주로 실어 나르는 화물을 말해요. 팰컨 9의 탑재 화물은 로켓의 맨 꼭대기인 소형 우주선인 드래곤 캡슐에 보관돼요.

⑤ 2단 발사체

들여다봐요

우주로 날아가는 로켓의 내부에는 무엇이 있는지 살펴봐요.

이륙

임무 시작

발사대에서 아홉 개가 거대하고 강력한 엔진이 불을 뿜어요. 만약 그중 두 개가 고장 나도 나머지 동력으로 로켓을 움직일 수 있어요. 발사! 쾅! 팰컨 9은 음속보다 빠르게 날아가기 때문에 이륙할 때면 음속폭음이라는 요란한 소리가 터져 나와요.

관제 센터에 있는 과학자 팀이 지상에 있는 정비요원들과 상의하여 모든 장비가 사용하기에 안전한 상태인지, 날씨가 이륙하기 적당한지 확인해요. 모든 과정이 시간표에 따라 시계처럼 정확하게 진행돼요.

팰컨 9은 대형 건물이 적렇고 안에서 눕혀 놓은 채로 제작되었답니다. 수송 차량에 실려 나온 로켓이 발사대에 똑바로 세워지죠. 이룩 준비가 시작돼요.

① 로켓을 발사하려면 아홉 개의 강력한 힘을 내도록 엔진을 최대로 해야 해요.

② 연료 탱크

③ 팰컨 9의 1단 발사체는 이룩한 뒤에 지구로 돌아오도록 설계되었어요. 로켓의 표면은 알루미늄과 다름이라는 금속으로 만들어져 견고하고 가볍답니다.

④ 팰컨 9의 1단 발사체와 2단 발사체 가운데 들어간 중앙 발사체로 분리되어 있어요.

구석구석 살펴봐요

이 중에 몇 가지는 매직 렌즈로 들여다봐야 찾을 수 있어요.

① 엔진
② 연료 탱크
③ 1단 발사체
④ 중앙 발사체
⑤ 2단 발사체
⑥ 탑재 화물

로켓은 어디에 쓰이나요?

로켓은 말하자면 우주의 초강력 배달용 차량 같은 거예요. 팰컨 9은 지구와 통신에 도움이 되는 위성을 운반할 수 있었지요. 아니면 우주비행사들이 머물며 작업하는 국제우주정거장에 보급품을 가져다줄 수도 있고요.

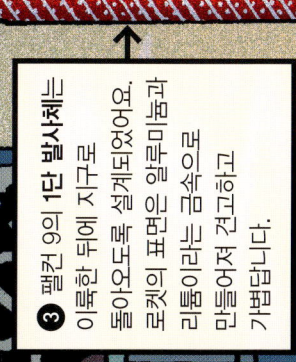

우주정거장

우주에서는 어떻게 양치질을 할까요?

지구에서와 똑같이 칫솔과 치약을 씁니다. 문제는 물방울이 둥둥 떠다니거나 치약 뚜껑이 날아다니지 않도록 막아야 한다는 거죠!

생각해 봐요. 저 높이 올려다 보이는 구름 위 어딘가에 국제우주정거장이라는 초거대 기계가 있고, 그 안에 우주비행사들이 살고 있어요. 우주 한가운데 떠 있는 대규모 과학 관측소지요. 그곳에는 물체가 둥둥 떠다니지 않도록 아래로 끌어당겨 주는 중력이 없답니다.

국제우주정거장은 어떻게 우주에 떠 있을까요?

우주정거장은 날마다 하루 열여섯 번 정도 원을 그리며 지구를 공전해요. 우주정거장이 추락하지 않는 것은 지구로 끌어당기는 중력과 정확한 균형을 이루는 속도로 나아가고 있기 때문이지요. 우주정거장이 공전하는 원형 궤도는 지구의 형태에 딱 맞춰져 있답니다.

태양열 전지판 날개 ❻

들여다봐요
국제우주정거장에서 하루 동안 무슨 일이 일어나는지 알아봐요.

❼ 중앙 트러스(지지대)

❶ 우주비행사는 이곳에서 반년 이상 지내게 될 수도 있어요.
보통 아침 여섯 시에 기상하고 저녁 아홉 시 반이면 잠자리에 들지요. 우주에는 중력이 없기 때문에, **침대칸** 안을 둥둥 떠다니지 않으려면 침대에 달린 끈으로 몸을 묶어 놓아야 해요. 아침마다 그날 하루의 업무 시간표가 나온답니다.

❷ 우주비행사는 다양한 **실험**을 진행해요. 우주에서 식물이 어떻게 자라는지 연구하기도 하죠. 우주에서 인체가 어떻게 작동하는지 서로 관찰하거나 새로운 약을 개발하는 등 의학 실험도 하고요.

콜럼버스 실험실 ❽

하모니 모듈 ❾

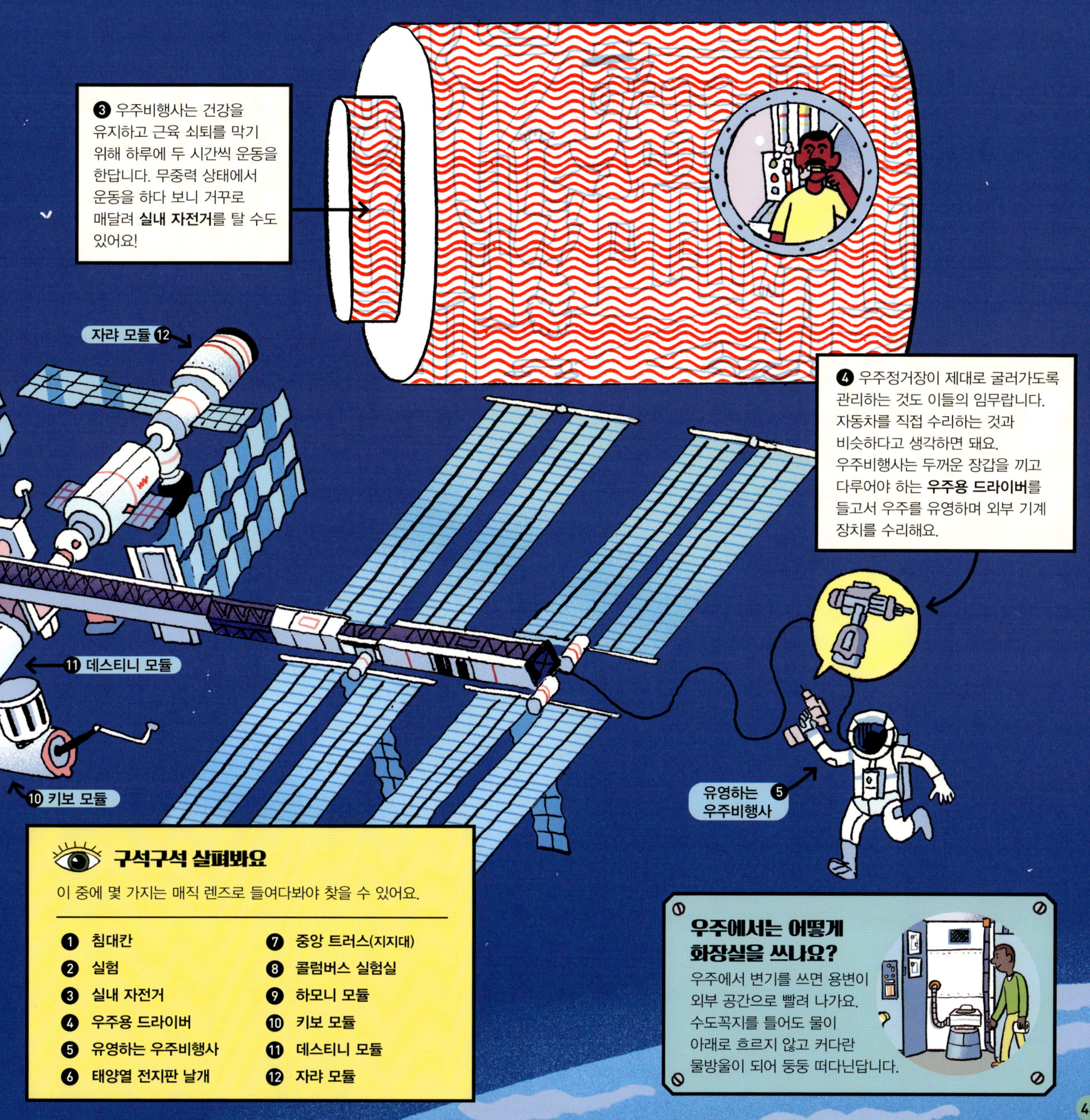

기계와 인간

지구 반대편에 있는 친구와 대화를 나누는 일부터 우주비행사를 지구 밖으로 실어 보내는 일까지, 기계는 인간이 온갖 놀라운 일을 해낼 수 있도록 도와줘요.

인간은 왜 새로운 기계를 발명하나요?

더 편하게 살아가기 위해서죠. 기계가 있으면 대체로 일을 훨씬 더 빠르고 쉽게 처리할 수 있거든요. 자동차를 공장의 생산 라인에서 제조하면 처음부터 끝까지 손으로 만드는 것보다 속도가 훨씬 더 빨라지지요. 인간의 능력만으로는 도저히 불가능한 일들을 이루어 주는 기계도 있답니다. 예를 들어 우주를 관찰할 수 있는 망원경처럼 말이죠.

여러분은 어떤 기계를 발명하고 싶나요?

문제를 풀어 주는 기계를 발명할 수도 있겠지요. 아니면 비가 내려도 젖지 않게 해주는 기계? 두 가지 일을 한꺼번에 처리하는 기계도 좋겠네요. 아침에 깨워 주고 밥도 먹여 주는 기계 말이죠! 어떤 기계를 발명하고 싶은지 생각해 봐요. 이왕이면 꿈을 크게 가져 봐요. 동력은 어디서 얻을까요? 그 기계를 만드는 데 어떤 부품이 필요할까요? 인내심을 가지고 꾸준히 시도해야 한다는 걸 명심해요. 제대로 작동하는 기계를 만들려면 보통 여러 차례 실험을 거쳐야 하니까요.

최초의 기계는 누가 만들었나요?

선사 시대 사람들은 돌로 간단한 도구를 만들어 썼답니다. 그러다 수천 년 전 중동에서 바퀴가 발명되었어요. 바퀴는 지금도 사람과 물건을 여기저기로 옮기는 데 요긴하게 쓰이고 있지요.

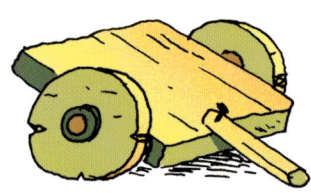

어른이 되면 새로운 기계를 발명하고 싶은가요?

새로운 기계를 발명하는 것은 보통 엔지니어의 일이랍니다. 다리, 기차, 로켓 같은 대규모 기계의 설계부터 컴퓨터와 로봇의 프로그래밍까지 무척 다양한 분야가 관련되어 있지요.

다음번에 기계를 사용할 때면 그 작동 원리를 곰곰이 생각해 봐요.

"이 기계는 어떻게 작동하는 걸까?"

미래의 기계는 어떤 일을 할 수 있을까요?

가능성은 무한하지요. 생각해 봐요. 50년 전에는 휴대전화가 존재하지도 않았답니다. 그리고 100년 전에는 우주에 나간 사람이 하나도 없었지요. 지금부터 100년 뒤의 삶을 상상해 봐요. 세상에 어떤 기계가 생기면 좋을까요?

찾아보기

ㄱ

가스 10, 11, 27, 28
거울 38, 39
고층 건물 28, 32
공기 저항 9, 21
공장 8, 36
공해 16, 18, 19, 23
국제우주정거장 40, 41, 42
굴대 8, 18, 19
굴착기 32, 33
기관실 24, 25, 26
기어 9, 12, 16, 17, 29, 32
기중기 24, 25

ㄴ

냉장고 13

ㄷ

달 40
대기권 38, 40
도르래 8, 25, 28
동력 16, 20, 22, 26, 41, 44
드론 37
드릴 33

ㄹ

레버 8, 12, 17
레이더 20, 21
로봇 36, 37
로켓 40, 41

ㅁ

마이크 14, 15, 36
마찰력 9
망원경 38, 39
모터 19, 29, 32
믹서 트럭 32, 33

ㅂ

바퀴 8, 16, 17, 18, 19, 20, 21, 44
배 24, 25
부양력 24
브레이크 16, 17
 – 핸드 브레이크 18
비행기 20, 21

ㅅ

수중 음파 탐지기 26, 27

ㅇ

안테나 11, 14, 15
알루미늄 41
연료 10, 18, 19, 20, 21, 23, 40, 41
연료 탱크 18, 20
에너지 10, 11, 12, 13, 15
 – 열에너지 10, 16, 27, 40
 – 운동 에너지 11
엑스레이 31
엔진 10, 19, 20, 21, 32, 36, 40, 41
 – 제트 엔진 20, 21
엘리베이터 28, 29
오븐 10, 12
우주 8, 11, 36, 38, 39, 40, 41, 42, 43
우주비행사 40, 41, 42, 43
위성 11, 40, 41
음파 15, 30
인쇄소 34, 35

ㅈ

자기공명영상(MRI) 30
자기부상 열차 22, 23
자동차 18, 19, 23, 36, 37
 – 전기 자동차 19
자석 9, 15, 22, 30
자전거 11, 16, 17, 23
 – 전기 자전거 29
잠수함 26, 27
저항력 21
전기 10, 12, 13, 23, 29
전기 신호 11, 14, 15
전자레인지 12, 13
전파 11, 14, 15
전화기 10
중력 9, 11, 21, 24, 42, 43
지구 20, 36, 38, 40, 41, 42
지진 33

ㅊ

천문대 39
청진기 30
체인 16, 17, 29
초음파 30
추진력 21

ㅋ

컴퓨터 11, 24, 27, 29, 30, 31, 34, 35, 36, 37

ㅌ

태양 10
태양열 전지 10, 11
태양계 38
터널 28
토스터 12

ㅍ

피스톤 19
필라멘트 12

ㅎ

허블 우주망원경 38
헬리콥터 23, 28
휴대전화 11, 14, 15

진동판 15, 30

제인 윌셔 글

제인 윌셔 선생님은 영국 런던에 살고 있습니다. 20년 넘게 편집자와 작가로 어린이책을 많이 만들었어요. 특히 어린이들이 궁금해 하는 질문에 대답해 주는 책 만들기를 좋아한답니다. 지은 책으로는 『믿을 수 없는 사실 사전』 『과학자들은 하루 종일 무슨 일을 할까요』 『정글에 사는 동물들』 등이 있습니다.

안드레스 로자노 그림

안드레스 로자노 선생님은 스페인 마드리드에서 태어나 현재는 런던에 살고 있습니다. 선생님의 그림은 『뉴욕 타임스』 『워싱턴 포스트』 『맥스위니스』 같은 유명한 신문과 잡지에 실렸습니다. 현재는 개인 작업을 하면서 그림책 삽화를 그리고 있습니다. 그린 책으로는 『기후변화가 내 탓이라고?』 『그림으로 보는 인류의 역사』 『세계의 도시들』 등이 있습니다.

신소희 옮김

서울대학교 국어국문과를 졸업하고 문학 및 어린이 책 편집자로 일해 왔습니다. 현재는 다양한 분야의 책을 번역하고 있습니다. 그동안 옮긴 책으로는 『난 심심하지 않아』 『신기한 식물 사전』 『잘 자요, 농장』 『우리 아빠 돌려줘!』 『피너츠 완전판』 등이 있습니다.

매직 렌즈로 보는 구조와 원리
놀라운 기계들 (원제 : Marvellous Machines)

1판 1쇄 2021년 8월 25일
　 2쇄 2023년 5월 12일

지은이　제인 윌셔
그린이　안드레스 로자노
감　수　조지프 코코린 박사(런던 임페리얼 칼리지)
옮긴이　신소희

발행인　주정관
발행처　북스토리㈜
주　소　서울특별시 마포구 양화로 7길 6-16 서교제일빌딩 201호
대표전화 02-332-5281
팩시밀리 02-332-5283
출판등록 1999년 8월 18일 (제22-1610호)
홈페이지 www.ebookstory.co.kr
이 메 일 bookstory@naver.com

ISBN 979-11-5564-240-5 77550

※잘못된 책은 바꾸어드립니다.